PARFAITE-UNION,

OR∴ DE DOUAI.

Pompe Funèbre.

Colonne
funéraire

Dumarez?
Fourplus?
Plouvain,
Caulier d'Agoty,
Mastrick, Craisme,
Dislère,
Becquet de Mégille,
Filleul; Dumortier,
de Wavrechin, Rhétier,
Chartier, Vanackere, Colin,
Baulieu, Roly.

Litho F. Robaut à Douai

HONNEURS FUNÈBRES

RENDUS PAR

LA ☐ DE LA PARFAITE-UNION

A L'O∴ DE DOUAI,

LE 12ᵉ. JOUR DU 11ᵉ. MOIS DE L'AN DE LA V∴ L∴ 5845,

A LA MÉMOIRE DU

R∴ F∴ ROTY, son ex-Vén∴

ET DES

TTT∴ RRR∴ FFF∴ VANACKÈRE, COLIN
ET BEAULIEU.

DOUAI.
ADAM D'AUBERS, IMPRIMEUR.
—1846.—

A∴ L∴ G∴ D∴ G∴ A∴ D∴ L∴ V∴

La ☐ St.-Jean , sous le titre distinctif de la *Par-faite-Union* O∴ de Douai , extraordinairement convo-quée et fraternellement réunie sous le P∴ G∴.. connu des seuls enfants de la V∴ L∴, en un lieu sûr où règnent le silence, la paix et l'égalité ; midi plein.

Le Vén∴ rend compte à l'assemblée de la perte cruelle que vient de faire l'atelier, dans la personne du T∴ ill∴ et T∴ R∴ F∴ Roty, ancien Vén∴ de cette ☐, ainsi que des honneurs funèbres provisoires qui, déjà, lui ont été rendus spontanément par tous ceux des FFF∴ qui ont pu accompagner au champ du repos ses restes mortels.

La douleur empreinte sur tous les visages, augmente encore , s'il se peut , quand le Vén∴ rappelle d'autres pertes moins récentes, la mort des RRR∴ FFF∴ VANA-CKÈRE, COLIN et BEAULIEU ; et l'assemblée arrête qu'une

cérémonie funèbre, dont le jour et le mode seront ulté-
rieurement fixés, attestera la profonde affliction de tous
les FFF∴ et spécialement la vive part qu'ils prennent au
coup qui vient de frapper la belle et honorable famille
de leur dernier ex-Maître.

(10ᵉ. jour du 10ᵉ. mois 5845),

A∴ L∴ G∴ D∴ G∴ A∴ D∴ L∴ V∴

Le 17ᵉ. j∴ du 10ᵉ. m∴ de l'an de la V∴ L∴ 5845.

La ☐, vu l'arrêté pris en date du 10 j∴ du 10ᵉ.
m∴ 5845, relativement au projet d'une pompe funèbre en
mémoire des FFF∴ Roty, Vanackère, Colin et Beaulieu ;
Après en avoir délibéré, arrête :
1° Il sera pourvu par le moyen d'une souscription
volontaire entre les membres actifs de l'atelier, aux fonds
que nécessitera la célébration de ladite fête funèbre.
Cette souscription est immédiatement couverte par
ceux des FFF∴ dont les noms suivent :

Duthillœul.   Voisin.   Bourdet.
Riémain,   Chartier (aîné). Dumont.

Chartier (Prosper).	Carlier-Avisse.	Fry.
Guillet.	Vanwormhoudt.	Pellegry.
Guerdin.	Massy.	Dusaillant.
Tisserand.	Vandeville.	Bertrand.
Cacan.	Lancel.	Lubrez.

2° La cérémonie aura lieu au sein de la *Parfaite-Union*, le lundi 12 j.·. du 11° m.·. 5845 (ère vulgaire, 12 janvier 1846). Un programme conforme aux mesures prises jusqu'à ce jour en pareille occurrence, sera imprimé et distribué à tous les FFF.·., dans la séance ordinaire du mercredi 7 janvier 1846.

3° Toutes les RRR.·. ☐ de la correspondance, dont les noms suivent :

La Constance , O.·. d'Arras.

Les Amis Réunis , O.·. de Lille.

La Fidélité,   *idem.*

La Thémis , O.·. de Cambrai.

La Philanthropie , O.·. de St.-Quentin.

Amitié et Fraternité , O.·. de Dunkerque.

Les Amis Philanthropes , O.·. de Bruxelles.

La P.·. U.·. et St-Jean du désert, O.·. de Valenciennes.

Les Vrais Amis , O.·. de Gand.

La Parfaite Intelligence , O.·. de Liège.

La Concorde, O.·. de Mons.

Les FF.·. Réunis , O.·. de Tournai.

seront invitées à favoriser d'une députation de trois FFF.·. la cérémonie funèbre du 12 janv. 1846 et la célébration de notre fête patronale, qui aura lieu le lendemain , mardi 13.

4° Les FFF.·. non-résidants, les FFF.·. non-actifs de cet O.·. recevront de même une planche les engageant à venir participer au deuil qui doit être commun à tous les vrais M.·. ; et par suite, cette invitation comprendra ceux dont les noms suivent ·

De Basserode , à Lille.

Blocquel ,   idem.

Joos , magistrat, à Courtrai.

Plaideau , négociant , à Menin.

Declercq, conseiller à la Cour de cassation, à Bruxelles.

Vervier , conseiller provincial , à Gand.

Robert, lieutenant-colonel d'artillerie , à Metz.

Mouchel (baron) , à Douai.

Beaulieu , pharmacien, idem.

Robaut , libraire , idem.

Thorez , négociant , idem.

Lagrange (baron de), idem.

Gouré , idem.

Lemaire de Marne , fils, idem.

De Guerne (comte) , idem.

Becquet de Mégille , idem.

Potiez Valéry , idem.

Brachelet-Dieu , idem.

Mallet, architecte , idem.

Mellez , capitaine , idem.

Lhermoyer , négociant , idem.

Minart , conseiller , à Douai.

Gosse de Gorre , président , idem.

Bottin , docteur , idem.

Stiévenart, notaire, idem.

Ballet, capitaine, idem.

Dumarquet, maire, à Equerchin.

Sylvestre, du 6° d'artillerie, à Douai.

Wilme,   id.   idem.

Bodson, chirurgien de marine, idem.

Roche, conducteur des ponts-et-chaussés, idem.

Auxœufs, maître d'hôtel, idem.

Parent, peintre, idem.

Evain (colonel), maire, idem.

Roquefort, du 6° d'artillerie, idem.

Henry,   id.   idem.

Bracquy,   id.   idem.

Brunet,   id.   idem.

Brassart, secrétaire des Hospices, idem.

Breton, propriétaire, à Courrières-les-Lens.

Hornez,   id.   idem.

Declercq, greffier de la justice-de-paix, à Carvin.

Lubrez, cultivateur, à Bouvignies.

Simon, major de la garde nationale, à Douai.

Simon, docteur, idem.

Bois, directeur du Mont-de-Piété, idem.

Bootz, fabricant, idem.

Jouggla, vétérinaire, idem.

Delval, commissionnaire de roulage, idem.

Gronnier, docteur, idem.

Escallier, docteur, à Douai.

Pecqueur, propriétaire, idem.

Dislère, architecte, idem.

Dislère , négociant , idem.

Dislère , percepteur, à Pont-à-Marcq.

Luce , maire , à Courchelettes.

Moity , juge-de-paix , à Douai.

André , négociant, idem.

Houcke , id. idem.

Heisser, père , professeur de musique , idem.

Boucher, professeur au collége royal, idem.

Thouin , brasseur, idem.

Campeaux (de) fils, idem.

Delacaze , greffier de justice-de-paix , idem.

Devrez , négociant , idem.

Nourrit , aîné, idem.

Nourrit , cadet, idem.

Colasse, idem.

Bommart-Dequersonnière , idem.

Bommart-Paix , idem.

Lyons , sellier, idem.

Fiévet-Levalleux , idem.

Azéma, lieutenant d'artillerie , idem.

Delaby, lieutenant-colonel , idem.

Druelle (Amédée), négociant , idem.

Daix-Deshaye, banquier, idem.

Broux-Plumecocq , négociant, à Douai.

Dumont , propriétaire , idem.

Campion , ancien économe au Collége royal , idem.

Warenghien (le baron de) , idem.

Poteau-Jacquart, négociant , idem.

Delebarre , négociant , idem.

Guibal , officier en retraite , idem.

Lavoix , commissaire de police , idem.

Delegorgue, naturaliste , idem.

Cambronne (de) , à Tournai.

Yvoy , à Douai.

Duval , artiste dramatique , idem.

Franval,   id.   idem.

Delire ,   .   id,   idem.

A ∴ L∴ G∴ D∴ G∴ A∴ D∴ L∴ V∴

Le 7ᵉ. j∴ du 11ᵉ. m∴ de l'an de la V∴ L∴ 5845.

La ☐ , attendu que la bienfaisance est le premier devoir des V∴ M∴ et le plus sûr moyen de plaire aux âmes de ceux qui l'ont exercée ici-bas ;

Tout en déplorant que son peu de ressources ne lui permette pas de faire plus de bien, au jour solennel du 12 janv. courant ;

Arrête : 1° 600 livres de pain seront distribuées , le jour de la pompe funèbre des FFF∴ Roty , Vanackère,

Colin et Beaulieu , aux honnêtes pères de famille les plus nécessiteux de cet O.˙..

2° La distribution aura lieu dans la cour d'entrée de la ☐.

3° Les dames parentes de M.˙. , pourront être admises à visiter le temple, la chambre ardente , les illuminations du jardin et les défilés du cortège , au fur et à mesure que les séances auront été levées dans chacun de ces emplacements. Les FFF.˙. sont invités à prier les dames de venir en même temps en aide au tronc des pauvres du R.˙. atelier.

A.˙. D.˙. G.˙. D.˙. G.˙. A.˙. D.˙. L.˙. V.˙.

L'an de la V.˙. L.˙. 5845 , 12 j.˙. du 11ᵉ mois (ère vulgaire, 12 janvier 1846) , sous les auspices du G.˙. O.˙. de France et de la Grande ☐ mère écossaise d'Edimbourg , la ☐ St.-Jean, sous le titre distinctif de la *Parfaite-Union* , à l'O.˙. de Douai, régulièrement convoquée et fraternellement assemblée sous le P.˙. G.˙. connu des seuls enfants de la V.˙. L.˙. dans un lieu sûr et terrible où règnent le silence et la sagesse ; midi plein.

L'Orient éclairé par le T.·. ill.·. F.·. Dutbillœul, V.·. ;
l'Occident par les TTT.·. RRR.·. FFF.·. Riémain et
Jonac, Premier et Second Surveillants ; les FFF.·. Chartier
(Prosper), Orateur , et Guillet, Secrétaire, à leur banc.

Les maillets sont garnis de crépe , tous les FFF.·. en
grand deuil, portent les gants blancs, le crêpe au bras
et au bijou, l'épée nue.

Le V.·. après avoir ouvert régulièrement les travaux
au premier grade symbolique, annonce avec émotion l'objet
spécial de cette séance solennelle et fait donner lecture des
extraits de procès-verbaux ci-dessus relatés ; puis il ordonne aux FFF.·. Maréchaux et Intendants des Chap.·.
d'aller prendre dans la salle de leurs séances les étendards de l'Ordre. Ces FFF.·. , à leur rentrée dans le
Temple , sont reçus par l'assemblée, debout , glaive en
main, maillets battants, et ils se placent en tête des colonnes , lesdits étendards déployés.

On annonce que des FFF.·. Visiteurs attendent dans
le parvis. Les FFF.·. experts se rendent auprès d'eux
pour y remplir leur office; ensuite, sur l'ordre du V.·. les
Maîtres des cérémonies introduisent successivement dans
l'ordre de leurs grades et avec les honneurs qui y sont
attachés les RR.·. FF.·.

Massy , M.·. membre honoraire de cette ☐.
Brassart, M.·.
Bagnéris, père, R. ⊕, G.·. Insp.·.
Auxœufs , M.·. Ecc.·.
Dislère , M.·.

Yvoy, R∴ C∴ ✙

Lavoix, R∴ C∴ ✙

Delval, R∴ C∴ ✙

Bodson, M∴, membre non-résidant.

Henri, R∴ C∴ ✙

Ballet, capitaine, R∴ C∴ ✙

Parent, R∴ C∴ ✙

Germeaux, R∴ C∴ ✙

Thorez, El∴

Pecqueur, G∴ Ecc∴

Roquefort. M∴

Breton, M∴ Ecc∴

Ces RRR∴ FFF∴ reçoivent du V∴ les vifs témoignages d'une affection maçonnique ; l'atelier tout entier y applaudit avec effusion.

Il est ensuite donné lecture des planches par lesquelles plusieurs FFF∴ s'excusent sur leur grand âge et sur leur état de santé, de ne pouvoir assister à des travaux auxquels ils s'associent de toute leur âme. Parmi ces planches se distinguent par leur touchante expression de sensibilité celles surtout des TT∴ chers et TT∴ vén∴ FF∴ chevalier Le Prevost de Basserode et colonel baron Mouchel.

« T∴ ill∴ et T∴ C∴ V∴, dit le premier, combien je regrette
» de ne pouvoir me rendre près de vous pour effeuiller quelques
» branches de cyprès sur la tombe de si bons FFF∴ L'état ché-
» tif de santé où je me trouve depuis surtout trois semaines, est un
» bien triste et douloureux obstacle à la réunion que mon cœur
» désirait tant ; mais il sera, soyez-en bien convaincu, mon bien-

» aimé collègue , au milieu de vous tous. Soyez assez bon pour
» faire part de mes profonds regrets , ainsi que de mes senti-
» ments les plus tendres et les plus fraternels, à tous les CCC.·.
» et RRR.·. membres de la *Parfaite-Union* , assemblés sous
» votre digne et noble maillet. »

Le second , vénérable octogénaire , déplore les infir-
mités qui l'empêchent de remplir un devoir qu'il regarde
comme sacré.

Lecture est également faite d'une planche de notre
sœur vénérée, la ☐ des Vrais Amis , O.·. de Gand : La
députation allait se mettre en marche , quand un événe-
ment imprévu à mis obstacle à son départ.

Trois coups de maillet se font ensuite entendre à l'O.·.;
l'Occ.·. les répète, le V.·. dit: « *La vie ici-bas n'est*
« *qu'un passage !!!* » L'atelier se lève et se met en marche lentement et en silence vers la salle de deuil , dans
l'ordre suivant :

Deux FF.·. servants , armés de torches.

Le F.·. Couvreur.

Les neuf FFF.·. de l'Harmonie, exécutant sous la direction de leur Intendant la marche funèbre que l'on trouvera
plus bas, composée par lui pour cette douloureuse cir-
constance, et qu'il a dédiée au V.·. F.·. Duthillœul.

Le 1er Surveillant.	Le 2e Surveillant.
Les Compagnons.	Les Apprentis.
Les Maîtres.	Les Maîtres.
Le Maréch.·. porte-étend.	L'Intend.·. porte-étendard.
Les FF.·. des hauts-grades.	Les FF.·. des hauts-grades.
Les FF .·. Visiteurs.	Les FFF.·. Visiteurs.

L'Orateur.   Le Secrétaire.

Les G∴ Inspecteurs. Les G∴ Inspecteurs.

Les M∴ de l'An∴ lumin∴ Les M∴ de l'An∴ lumin∴

Le V∴

Deux Maîtres des Cérémonies.

Le cortège entre dans la salle des Pas-Perdus, se découvre en traversant la double rangée de Dames et de Lewtons, accourus pour être témoins de cette pieuse cérémonie et dont la foule silencieuse se presse jusque sous les portiques.

Des transparents funèbres éclairent à l'extérieur la grande porte d'entrée, et à l'intérieur, le dessus des portes et toutes les fenêtres qui conduisent à la salle de deuil au-dessus du Temple. La cour d'entrée, les corridors dans toute leur longueur sont tendus de noir parsemé de larmes blanches, d'ossements, d'inscriptions morales, d'allégories maçonniques. Ils sont également garnis d'arbres verts, et partout sont suspendues des guirlandes de pin, de cyprès, d'acacia, sur lesquelles des lampes funèbres jettent une lueur incertaine. Avant de passer dans la chambre ardente, les yeux se portent sur un transparent gigantesque, colonne funéraire due au talent et au zèle du F∴ Parent, et sur une des faces on lit ces noms : Bommart, Gautier d'Agoty, Chartier, Gatchet de Belle-vaux, Rhétier, Plouvain, Liégeart, Broux, Lucas, Becquet de Mégille, Vanackère, Verdure, Blanquet, Co-lin, Roty.

Arrivés dans la salle de deuil , les FFF.ᐧ. prennent rang dans l'ordre de la marche ; les Maréchaux placent les étendards en tête du monument qui s'élève au centre du Temple ; les Maîtres des cérémonies distribuent des branches de cyprès. Pendant que cette distribution a lieu, l'harmonie fait entendre des accents plaintifs.

L'immense salle est entièrement tendue de noir et couverte de tapis funèbres ; à la pâle lueur |des lampes sépulcrales suspendues aux voûtes , reluisent sur les draperies relevées en festons les larmes et franges d'ar gent qui les décorent ; entre ces festons figurent des marbres triangulaires portant une inscription dans le genre des suivantes :

La bienfaisance germa dans son cœur ;
Il devint riche des fruits qu'elle produisit ;
Il fut bon fils , bon mari , bon père , sincère ami ,
maçon vertueux ;
Sévère pour lui , il passa la truelle sur les fautes des
autres ;
Il fut père de l'orpheline , elle pleure sa perte ;
Il se montra fils de la veuve , elle gémit de sa mort ;
La mort du juste est un doux sommeil ;
Son souvenir vivra éternellement dans nos cœurs , etc.

D'autres marbres triangulaires de dimension moindre placés au-dessous des précédens , rappellent les noms de quelques FFF.ᐧ. décédés depuis 1784 , savoir : Mont- cabrié , Thibaut , Roettiers de Montaleau , Liégeard , Corbineau , Imbert , Laviefville , Bailly , Dufraine , Lor-

2.

thioit, Corbineau (Hercule), Ducolombier, Matthéus, Carpentier, Lovelace, Lesage-Senault, Dumortier, Mastric, Ringo, de Wavrechin, Filleul. Au-dessous de la plupart de ces noms se trouvent reproduits sur des marbres orbiculaires, entourés de feuillages et de rubans, les vers faits à la louange des Maçons qui les ont si dignement portés.

Sur le F∴ Montcabrié (acrostiche).

*M*ourir n'est rien, c'est le but d'un voyage
*O*ù l'honnête homme, où l'homme sage
*N*e craint pas d'être malheureux.
C'est le moment ou l'âme se dégage
*E*t touche au terme en se fixant aux cieux.
*B*ravoure, honneur, sagesse, gloire,
*R*ien ne pouvant être épargné,
*I*l faut mourir en laissant sa mémoire
*E*crite dans les cœurs et chére à l'amitié.

Sur le F∴ Thibaut (acrostiche), 29 août 1804.

*T*riste jouet du sort, caprice des destins,
*H*omme, pour un instant que tu passes sur terre,
*I*mite d'un Maçon le sacré caractère,
*B*énis le Tout-Puissant et l'œuvre de ses mains !
*A*u pauvre, à l'orphelin donne ton assistance,
*U*se de ton pouvoir pour faire des heureux ;
*L*ivre le crime aux fers et venge l'innocence :
*T*u vivras dans les cœurs, tu vivras chez les Dieux.

Sur le F∴ Liégeard (acrostiche), 25 août 1808.

L'homme naît pour mourir. Après de longs travaux,
*I*l arrive épuisé dans la nuit des tombeaux.
*E*clairé, sage et bon, s'il a pendant sa vie,

Guidé par les vertus, bien servi sa patrie
Et fait compter ses jours par de nombreux bienfaits,
Alors à sa mémoire on donne des regrets;
Rien de lui ne s'oublie, et la reconnaissance
Dans les cœurs vient lui rendre une heureuse existence·

Sur les FFF∴ Roettiers de Montaleau, Imbert, Laviefville, Bailly, Corbineau.

Du sort subissant la rigueur,
Vous qui pour la Maçonnerie
Et pour la gloire et pour l'honneur
Avez su donner votre vie;
Frères, qu'ici par nos regrets
Nous rappelons à l'existence,
Vos vertus vivront à jamais,
Nos cœurs sont votre récompense.

Sur le F∴ Dumortier, Pierre-Joseph-Ignace, 1824.

La terre porte le superbe
Sans qu'on garde son souvenir;
Mais ce Maçon caché sous l'herbe,
Vivra long-temps dans l'avenir.

Sur les FF∴ Lucas (Adolphe), Filleul (Jean-Baptiste),
Rhétier (Charles), 12 avril 1830.

Etre bon, charitable, humain,
Etre ami fidèle et sincère,
De la veuve et de l'orphelin
Etre le soutien et le père;
De la plus exacte équité
Chérir et suivre la maxime,
Chercher en tout la vérité,
Tel fut, tel fut leur art sublime.

Sur le F∴ Gautier-d'Agoty.

> Repose en paix , ombre chérie!
> Tes vertus , ton cœur , tes bienfaits
> Te font regretter à jamais ,
> Mais l'Elysée est ta patrie ;
> Repose en paix !!!

Sur le F∴ Becquet de Mégille , 1837.

> Former sur la vertu son cœur et sa raison ,
> Reconnaître des lois la sagesse suprême ,
> Abhorrer l'imposture ainsi que sa leçon ,
> Ne pas nuire au prochain , l'aimer comme soi-même ,
> Ce sont là les secrets que possède un Maçon.

Au fond de la salle , derrière l'autel et le buste du Roi , au milieu de caisses de lauriers , d'oliviers et de myrtes ; s'élève une pyramide portant pour inscription :

> *Aux Maçons décédés*
> *La Maçonnerie reconnaissante.*

De chaque côté s'élèvent jusqu'à la voûte du Temple des groupes éplorés , caractérisant la douleur et la re-connaissance. Entre chacun d'eux et la pyramide sont appendus les portraits des FF∴ Roty et Vanackère , entourés de crêpes et de cyprès. On lit au-dessous du dernier :

> *Aux FF∴ Vanackère , Colin et Beaulieu ,*
> *12 janvier 1846.*

> Rendre hommage aux vertus, pratiquer leurs leçons ,

Offrir aux opprimés , son bras , son éloquence ,
Braver des préjugés la fatale puissance ,
Intimider le vice , écarter ses poisons ,
N'écouter que son cœur en servant l'indigence , .
Etre simple en ses mœurs , être juste, être bon ,
Telle est la loi du sage et la loi du Maçon.

Au-dessous de celui du F.·. Roty (acrostiche).

Vertus , filles du ciel , et vous , Muses et grâces ,
Ainsi que nous , prenez le deuil :
Le destin nous condamne à de mêmes disgrâces ,
Entourons un même cercueil.
Nous pleurons le meilleur , le plus chéri des frères ,
Thémis , l'appui des innocents ;
Il n'honorera plus , Minerve , nos mystères ,
Nous perdons , Muses, de doux chants.
Rameau d'or détaché de cet arbre de vie ,
Offrande que la mort fit trop vite à son roi ,
Tu brillais à nos yeux ; ta mémoire fleurie
Y brillera pour toi !!!

Le vaste cénotaphe qui s'élève au centre de la lugu-
bre enceinte est surmonté de l'urne cinéraire que recouvre un voile noir. Dans la partie inférieure du monument, des guirlandes de sombre verdure embrassent la
blancheur de ses contours ; la partie supérieure figure
un marbre noir semé d'étoiles d'argent, et les insignes
des sublimes grades dont étaient revêtus les FFF.·. décédés , y brillent appendus aux angles.

Quand l'assemblée a pris place, le maillet résonne et
le Vén.·. dit : *Mes FFF.·., les TTT... CCC.·. et TTT.·.
RRR.·. FFF.·. Roty, Vanackère, Colin et Beaulieu, ne*

sont plus !!! Ces mots prononcés avec l'accent de la douleur, sont répétés trois fois à l'Orient par le Vén.·. , trois
fois à l'Occident par les FF.·. 1·· et 2·Surveillants, et
chaque fois suivis du retentissement de l'airain funèbre.

« FF.·. 1·· et 2· Surveillants, ajoute le V.·. , réunis-
sez-vous à moi pour illuminer la tombe. » Et tous trois
s'approchent du cénotaphe , allument les trente-trois
bougies jaunes disposées pyramidalement sur trois de
ses faces , à l'Occident, au Midi, au Nord, ainsi que
les candelabres d'argent à cinq branches, disposés aux
quatre angles. Soudain les colonnes J et B deviennent
transparentes ; aux quatre coins du monument l'alcool
enflammé s'élance des trépieds antiques ; le bureau du
V.·. , les triangles des Surveillants, de l'Orateur, du Secrétaire s'illuminent ; une lumière symbolique à l'Or.·.
reste seule éteinte , emblème de la perte d'un V.·.

Cependant les cassolettes exhalent des parfums, et de
funèbres fanfares préparent à de nouveaux travaux.

Le V.·. et les deux Surveillants reprennent leurs pla-
ces. Un maître des cérémonies reçoit de l'Or.·. l'ordre
d'aller prendre au haut du monument l'urne mystique.
Le V.·. , la recevant de ses mains, la remet avec des
paroles solennelles entre celles du R.·. F.·. Caçan, ancien
Vén.'. de □ , qui fait ensuite face au cénotaphe et
demeure debout au centre de l'Orient, tenant entre ses
bras croisés l'urne pressée sur son cœur.

Une touchante et mélancolique harmonie se fait entendre de nouveau, et le chef-d'œuvre d'un de nos

grands génies, exécuté avec le plus parfait ensemble
par nos dignes FF.·. de l'harmonie , achève de pénétrer
les cœurs d'un triste et doux recueillement.

Le Ven.·. frappe ensuite et dit : « *La parole est au
F.·. Orateur.* » Le F.·. Chartier Prosper se lève , et
tourné vers l'Orient, faisant face aux portraits des FF.·.
Roty et Vanackère, devant lesquels il s'incline , s'ex-
prime en ces termes :

MES FRÈRES,

« Il y a dix-huit mois à peine , un de nos frères était
assis là haut , à l'Orient , plein de vie et d'intelligence !
Homme remarquable par la noblesse du caractère autant
que par les facultés de l'esprit, il faisait entendre ,
comme Vénérable , sous les voûtes de ce temple, des
paroles pleines de sagesse et d'éloquence. Il présidait à
notre initiation avec la bienveillance qui caractérise une
âme supérieure, et cette dignité de langage et de ma-
nières qui était si bien dans son naturel. Il nous déve-
loppait, avec une grande supériorité de raison , les mystères de cette admirable institution maçonnique dont le
principe remonte si haut dans la nuit des temps.

» Le frère Roty, que vous aviez si souvent jugé
digne de diriger vos travaux , était estimé de tous ses
frères. Dans ce temple, aucune faveur ne manquait au
triomphe de sa noble et généreuse ambition : dans le
monde profane, il se reposait enfin des agitations d'une
vie marquée au barreau par les plus brillants succès.

Heureux époux, heureux père de famille, entouré des soins de trois enfans qui faisaient sa joie et son orgueil, il jouissait de ce calme et de cette tranquillité qui récompensent les efforts d'un cœur honnête et d'une conscience pure. Mais voilà que tout-à-coup la main de Dieu s'appesantit sur lui et le plonge dans l'abîme du néant! Cet homme, qui tout-à-l'heure vous persuadait par une douce éloquence; cet homme dont le cœur était si bien placé, et qui brillait entre vous tous par les qualités d'une âme supérieure, il est là, couché dans ce cercueil, froid et insensible comme la pierre qui le recouvre! Encore quelques jours et il ne restera plus de lui qu'une vile poussière!!

» Tel est le sort de l'homme, mes frères; la mort, le néant pour son corps, l'éternité pour son âme. *Vanité!* s'écrie le grand roi Salomon. *Vanité!* répéterons-nous avec ce grand législateur. En vain l'homme porte fièrement sur le front le sceau de sa puissance; en vain il étale sur la terre les insolences de son fol orgueil; en vain il fait sentir le poids de sa domination sur tout ce qui l'entoure : cet homme, roi de la nature, tombe et s'anéantit au moindre signe de Dieu. Créature aussi impuissante qu'orgueilleuse, il est jeté sans s'y attendre dans les mains de la mort. « Sa chair, selon l'admirable
» expression de Bossuet, ce grand philosophe chrétien,
» sa chair change bientôt de nature, son corps prend un
» autre nom : même celui de cadavre, parce qu'il nous
» montre encore quelque forme humaine, ne lui demeure pas longtemps. Il devient un je ne sais quoi

» qui n'a plus de nom dans aucune langue, tant il est
» vrai que tout meurt en lui jusqu'à ces termes funèbres
» par lesquels on exprimait ses malheureux restes. »

» La mort, mes frères, la dissolution, voilà ce que le
grand architecte de la nature réserve à ces hommes qui,
semblables à de pauvres moucherons, tourbillonnent ici-
bas au milieu des inquiétudes et des agitations de ce
monde, et ne laissent pas plus de traces de leur passage
sur la terre que l'oiseau qui fend les airs, ou le vaisseau
qui sillonne les ondes.

» Mais la mort, qui traduit ainsi tous nos corps en poussière, que fait-elle de notre intelligence? Cet homme
que vous avez vu dans ce temple, plein de vie, de force
et de raison, cet homme est-il tout entier dans le cercueil? Son intelligence qui brillait d'un si vif éclat, est-
elle morte avec lui? Son âme, enfin, qui le faisait agir,
penser, diriger sa volonté, est-elle anéantie avec ce
corps qui gît là sous la terre? Ou bien, essence divine,
est-elle retournée comme un rayon dans le sein de Dieu,
éternel foyer de lumière et de vie?

» Qui peut poser cette question sans la résoudre?
l'ignorant ou le criminel! L'homme, mes frères, est entouré de mystères : il voit la lumière, il en étudie les
effets, il en combine les résultats dans leur application
aux choses physiques ; mais l'homme peut-il expliquer
ce qu'est la lumière? Est-ce un fluide? Est-ce une agglo-
mération d'atômes? Osera-t-il prétendre que la lumière
est une matière ? Si cela était, il en pourrait décomposer
les élémens et les soumettre à l'appréciation de l'inexo-

rable analyse. Mais la composition de la lumière est comme son âme, un de ces grands problèmes qui confondent l'intelligence humaine, et dont le grand architecte de l'univers s'est réservé la solution.

» L'électricité, dont l'homme emploie la présence autour de nous à des effets immenses de composition et de décomposition des corps organiques ; l'électricité qui transmet aussi promptement que l'éclair la pensée de l'homme d'un lieu à un autre, quelle que soit leur distance; l'électricité, quelle est-elle ? La lumière ? quel est son principe constitutif ? Archimède, Newton, Descartes, Pascal, Franklin, ces vastes génies s'humiliaient devant la solution de ces questions ; seulement, en présence des effets physiques et secrets que leur science découvrait comme de mystérieux larcins, ces grandes intelligences se prosternaient devant l'immensité du Grand Architecte de l'univers, créateur de l'espace et de l'infini !

» Ainsi, mes frères, à chaque pas que le génie humain fait dans le vaste champ de la science, il est environné d'effets dont la cause lui est inconnue. Mais quand on voit l'effet, peut-on nier la cause ? Que diriez-vous, mes frères, de celui qui viendrait prétendre que les effets de la lumière et de l'électricité existent, puisqu'il les voit : mais que ces effets n'ont pas de principes, et qu'ils sont le produit du hasard. Vous le traiteriez d'insensé ; eh bien ! mes frères, dites-en autant de celui qui met en doute l'immortalité de l'âme.

» L'homme pense, donc il a la raison.

» Il étudie la nature, il calcule ce qu'il fera aujour-
d'hui, demain, dans un an; donc il a l'intelligence.

» Il fait ou ne fait pas, il marche, il agit, il se repose;
donc il a la volonté.

» Ainsi, la raison, l'intelligence, la volonté, voilà
les effets de l'organisation de l'homme. La cause de ces
effets, le principe constitutif où l'homme les trouve, c'est
ce que nous appelons *l'âme*, essence aussi insaisissable
que la lumière et l'électricité ; essence aussi immaté-
rielle que ces deux grands phénomènes que la nature
étale à nos regards. De même qu'un corps qui contenait
de l'électricité s'en trouve dépouillé par une expérience
physique, sans que le fluide électrique ait été pour cela
anéanti, puisqu'on peut constater son passage au moment où il quitte le corps qu'il électrisait; ainsi l'âme
quitte le corps humain par une volonté suprême; et tan-
dis que le corps, privé de sa divine essence, retombe
dans la terre, l'âme retourne à la source immortelle
dont elle est émanée. Le corps, suivant une simple
mais admirable expression, rend son âme à Dieu.

» Mais là, que fait-elle? Elle rend compte à son éternel auteur de la mission qu'il lui avait confiée pendant
son court passage sur la terre. L'âme, en effet, a la
conscience de la mission qu'elle a reçue de son créateur ;
elle a la volonté. Elle fait le bien ou le mal à son choix,
selon son libre arbitre.

» A l'intelligence attribuée à l'homme pour penser,
combiner, réfléchir; à la volonté pour agir, le Grand

A∴ de L∴ U∴ a complété son œuvre en y ajoutant la
conscience , cette voix intérieure qui crie à l'homme à
chaque pas qu'il fait, à chaque action qu'il médite :
Cela est bien , cela est mal. Ainsi , l'homme ne fait au-
cun acte de sa propre volonté sans être averti par la
voix de sa conscience.

» Quel est donc le devoir de l'homme? faire le bien ,
éviter le mal. Voilà la grande et sainte mission qui nous
est imposée par l'éternel , dans notre courte apparition
sur la terre.

» Or, nous trouvons, mes frères, dans notre divine
institution maçonnique les élémens de force et d'harmonie nécessaire pour atteindre ce but avec plus de certi-
tude. En effet , notre association , toute d'égalité et de
fraternité, appelle tous les hommes répandus sur la surface du globe , sans distinction de religion , de mœurs ,
ou de coutumes , à adopter et à pratiquer les principes
de justice et de vérité, principes sacrés et immuables
comme Dieu lui-même.

» La justice et la vérité résident dans le temple de Salomon , sur le frontispice duquel est écrit, en lettres
d'or, ce que ma faible voix vous répète : « *Dieu existe ,
l'âme est immortelle.* »

» Que peut faire l'homme dans son isolement ? Créature faible et impuissante , quoique pétrie d'orgueil , il
ne peut que par les efforts combinés de ses semblables.
Aussi le grand législateur Salomon s'écrie : « Il vaut
» mieux être deux ensemble que d'être seul ; car ils ti-
» rent de l'avantage de leur société.

« Si l'un tombe , l'autre le soutient.

« Malheur à l'homme seul ; car lorsqu'il sera tombé,
» il n'aura personne pour le relever. »

» Les voilà exprimés dans leur magnifique simplicité, par la voix d'un grand roi, ces préceptes qui ont
présidé à l'organisation de la société maçonnique. Con-
servons donc au fond du cœur , et surtout pratiquons ,
mes frères, cette religion de l'âme qui est si profitable à
nos semblables et qui sera si utile à nous-mêmes au jour
où notre âme comparaîtra devant son créateur.

» Rappelons-nous toujours que notre institution prê-
che à l'homme le sentiment de ses devoirs ; qu'elle lui
grave au fond du cœur, à son entrée dans ce temple ,
comme avec un fer chaud , ce divin précepte : « Ne faites
» pas à autrui ce que vous ne voudriez pas qui vous fût
» fait à vous-même. » Le Maçon qui pratiquera ce précepte avec ardeur et sincérité, quels que soient les principes religieux ou politiques qu'il ait adoptés pendant sa
vie , regardera la mort en face, non sans regret de quitter
pour toujours tout ce qui est cher à son cœur , mais avec
le calme et la tranquillité d'une conscience honnête.

» Envisageons donc comme un utile et salutaire enseignement ce cercueil où repose le corps d'un frère vé-
néré. Pressons-nous autour de ces restes mortels et sui-
vons le conseil de Salomon qui s'écrie : « Il vaut mieux
» aller à une maison de deuil qu'à une maison de festin :
» car dans celle-là on est averti de la fin de tous les
» hommes , et celui qui est vivant pense à ce qui lui
» doit arriver un jour. »

Une batterie de deuil applaudit à ce morceau d'ar-
chitecture ; l'harmonie renouvelle ses accents funèbres.

La parole est ensuite accordée au Fr.·. Secrétaire qui
donne lecture des strophes suivantes , dont il est l'auteur :

De quelle splendeur sans pareille
Brillait jadis ce lieu sacré ,
Cet O.·. , mystique merveille ;
Qu'un demi-siècle a révéré !
L'esprit français, la sagesse écossaise
Avaient sur la vertu fondé ses murs d'airain ,
Un *Lumineux Anneau* , dominant la Falaise,
L'annonçait dans un ciel serein.

Hélas ! debout encor , mais sur un sol aride ,
Ce temple n'aura plus bientôt un habitant ;
Encore un coup mortel , le sanctuaire est vide,
Le phare éteint , la nuit refaite à l'Occident.

En peu de temps , Dieu , quel ravage !
Bommart, Filleul , Gaschet, Rhétier ,
Gauthier d'Agoty , Jeanne , Lesage ,
Mathéus , Wavrechin , Chartier !
Et Vanackère , enfin , étoile flamboyante ,
Et tant d'autres encore à citer , à pleurer.
O mort , ta faulx étincelante ,
Dans notre champ surtout se plaît à moissonner.
Hélas ! debout encore , etc.

Destin cruel que rien n'arrête !
Voyez Mastric, Ringo , Beaulieu ,
Sous le fatal niveau courbant leur noble tête ,
Disparaître aussi du saint lieu.

Puis, après tant de coups, un coup épouvantable
Ebranle nos parvis jusqu'en leurs fondements,
Roty, le bien-aimé, Roty, le vénérable,
    N'est plus pour nous, pour ses enfants.
Hélas ! debout encore, etc.

    Ah ! quand sonne l'heure fatale,
    Quand sous ses pieds la terre a fui,
    Et qu'en la couche sépulcrale
    Le bien seul qu'il a fait le suit,
Pour l'homme, quel bonheur qu'une longue carrière,
Où plus il a souffert, plus il a mérité !
Comme avec allégresse il franchit la barrière
    Qui nous ouvre l'éternité.

    Ici-bas le vide qu'il laisse,
    Sans doute ne peut se remplir,
Et plus il fut l'ami, l'amant de la sagesse,
    Plus qui l'a perdu doit gémir.
Gémir ? Pourquoi donc ? Est-ce que sa présence
    Nous fut affermée à toujours ?
Est-ce quand la vertu vole à sa récompense,
    Que les pleurs doivent avoir cours ?

    Dans la douleur qui vous honore,
    Au milieu de vos tristes soins,
Frères, n'oubliez pas, si ce temple déplore
Sous son dôme d'azur une chose de moins,
Que par de là ce dôme, en une autre vallée,
    Au pur séjour des suprêmes élus,
De vos prédécesseurs l'immortelle assemblée
    Compte un élu de plus ;

    Qu'il goute là-haut dans les délices
    De ceux que vous rejoindrez tous,

Et sur vous, ici-bas, que ses regards propices
Versent avec amour leurs rayons les plus doux ;
Les plus doux!... Car, après ses filles et sa femme,
Pauvres fleurs, désormais sans appui, sans tuteur
La *Parfaite-Union* était tout pour son âme,
Chacun de vous, tout pour son cœur.

Vous n'avez pas, vous, par l'envie,
Par l'iniquité, par l'oubli,
Décoloré le soir d'une aussi belle vie!
Vous n'avez jamais, vous, simulé ni trahi.
Grâce au contraire, à toi, Maçonnerie auguste,
Pour lui la vie eut encor des appas :
Ici du moins, ici le juste trouve un juste ;
A l'ami, l'ami tend les bras.

Roty savait que dans la tombe
Le suivraient nos regrets, nos vœux,
Et que, quand un Maçon succombe,
Ses fils sont de droit nos neveux.
Il nous entend jurer à sa cendre sacrée,
Qu'en tout temps, en tout lieu, contre tous attentats,
Un frère irait offrir à sa veuve éplorée
Un glaive, un cœur, un bras.

Ainsi toujours, toujours ensemble
Nous savons nous tenir unis ;
Et sur nous, s'il croulait, ce temple
Compterait par nous ses débris.
Quand se rompt un anneau, nous renouons la chaîne ;
Et, quoique peu nombreux, toujours nous sommes forts,
Et sur nos fronts en vain l'orage se déchaîne,
Nous sourions de ses efforts.

A l'expression maç∴ d'une bienveillante indulgence

succèdent encore les accents plaintifs de l'harmonie. Puis le Vén.·. se lève et dit :

> Le temps détruit tout, et ses ravages sont rapides ; mais il n'a aucun pouvoir sur ceux que la sagesse a comme consacrés : rien ne peut leur nuire, les années n'en affaibliront point le souvenir.
>
> (Sénèque).
>
> On a beau faire, la vérité s'échappe et perce toujours les ténèbres qui l'environnent. Il viendra un jour où l'Eternel ne verra sur la terre que de vrais croyans : le temps qui consume tout détruira les erreurs même ; les hommes seront étonnés de se voir sous le même étendart, sous la même loi.
>
> (Haali).

T.·. C.·. FFF.·.,

« Nous avons emprunté la première de ces épigraphes à Sénèque, et la seconde au philosophe persan Haali. Dans le dessein d'en faire jaillir une vérité consolante pour tous, nous les avons réunies. Le souvenir des hommes sages leur survit long-temps, il reste gravé dans le cœur de ceux qui ont été à même de les apprécier. Que leur vie ait été modeste, obscure, opulente, environnée d'éclat, l'oubli ne pèsera pas sur eux, parce qu'ils ont été comme consacrés par la sagesse.

» Mais en sera-t-il ainsi pour tous les hommes ?— Non ! jusqu'ici cet avantage n'est réservé qu'à une faible portion de l'humanité ; il n'est donné qu'à elle de se sentir vivre dans le cœur de ses amis, lorsque la matière

3.

se sera séparée de l'esprit : c'est dans une association
d'individus réunis par le seul sentiment du bien général,
par le sentiment de la fraternité et de la charité, par
l'amour et pour la recherche de la vérité. Cette association n'est autre que la Maçonnerie. Sans doute sa famille nombreuse l'est peu, en la comparant à la grande
famille humaine ; sans doute, elle est encore éloignée
du but qu'elle se propose d'atteindre ; mais ce but est si
noble, si sublime, elle marche vers lui avec tant de patience, de courage et de persévérance qu'elle l'atteindra;
Haali vous l'a dit.

» Et alors tous les hommes seront frères dans la plus
vraie, la plus franche acception du mot. Alors l'indiffé-
rence et l'oubli ne viendront plus s'asseoir, sous une
influence égoïste, sur la tombe des hommes vertueux ;
alors le souvenir des sages ne sera point affaibli par les
années, car il trouvera son sanctuaire dans le cœur de
chacun de ceux qui auront profité de leurs leçons et se
seront nourris de leurs bienfaisants préceptes.

» Ce vœu que nous formons pour toute l'espèce humaine est accompli dès long-temps pour la famille Mac. ·..
Nous n'oublions pas ceux qui sont appelés à aller vers
le centre de toutes lumières y goûter de nouvelles véri-
tés ; leur souvenir est sacré pour nous ; et avant d'ins-
crire leurs noms terrestres sur la pyramide funéraire,
nous payons, avec une pompe modeste, un tribut à leur
mémoire vénérée.

» Ainsi, fidèle à cette antique coutume, la Loge de
la **Parfaite-Union** s'est rassemblée, elle a appelé dans son

sein tous les Maçons qu'elle a pu réunir, afin de dire d'une manière aussi digne qu'il lui est permis de le faire, le dernier adieu aux T.·. R.·. et très-regrettés FFF.·. Roty, Vanackère, Baulieu et Colin.

» Roty (Valentin-Joseph-Marie) naquit à Arras, le 26 octobre 1783, d'une famille honorablement connue dans la bourgeoisie. Son esprit fin, gracieux, bienveillant se révéla dès ses premières années. Il avait à peine sept ans quand l'orage de la révolution française éclata. L'un des premiers coups de ce météore politique porta sur les maisons consacrées à l'instruction; elles furent fermées, et les établissements qu'on voulut leur substituer n'obtinrent ni ne méritèrent la confiance publique. Victime de cet état de choses, le jeune Valentin fut donc pendant ses quinze premières années réduit aux ressources des leçons particulières, si insuffisantes alors par le manque de méthode de ceux qui se consacraient à cet honorable, mais pénible labeur. Enfin, un homme respectable, courageux, osa monter à Douai une maison d'éducation, la seule de nos départements du Nord, où l'instruction se rapprochait de l'enseignement des ancienne écoles. Cet homme, dont je ne puis prononcer le nom sans émotion et sans vénération, fut Fouquay. Le jeune Roty entra dans cette maison; de cette époque date notre connaissance, je dirai notre amitié. Le temps perdu fut bientôt regagné par Roty, ses succès montrèrent toute sa capacité. Placé ensuite à l'école centrale de Boulogne, il poursuivit ses études avec une telle rapidité que, dès 1806, il était reçu licencié en droit, et inscrit

comme tel sur le tableau de l'ordre des avocats de la
Cour d'appel de Douai. Il ne nous appartient pas de le
suivre dans cette noble carrière du barreau, où il brilla
pendant près de quarante années, dans laquelle il se distingua par sa profonde connaissance des lois, sa facilité
d'élocution, l'urbanité de ses formes et la chaleureuse
modération de sa plaidoirie. Il était, si je puis me servir
de cette expression, de l'école Isocratique pour la grâce,
le moelleux et l'euphonie de son style et de sa parole. Sa
vie, comme jurisconsulte, a été habilement retracée
par un de ses confrères qui l'avait justement apprécié,
et qui, mieux que personne, pouvait en parler d'une
manière vraie. Nous craindrions d'affaiblir les couleurs
de ce portrait en le reproduisant. Nous nous contenterons
de rappeler que telle était la considération dont Roty
jouissait dans son ordre, qu'il fut pendant de longues
années membre du Conseil de discipline et bâtonnier des
avocats de la Cour royale de Douai.

» Dès 1806, Roty était entré dans la garde nationale;
il y montra tout d'abord le zèle, l'activité, le dévouement à l'ordre public qui lui étaient propres. Bientôt
après il fut promu au grade de capitaine de grenadiers,
devint par la suite chef de bataillon et lieutenant-colonel de notre milice citoyenne.

» Son âme ardente, son cœur sensible et aimant de-
vaient l'entraîner naturellement vers tout ce qui pouvait
tendre au bien de ses semblables. Aussi la Maçonnerie
s'offrit-elle à lui comme une des plus belles institutions
de notre état social; il s'en éprit d'amour et fut pendant

long-temps un de ses adeptes les plus fervents. Dès 1807
il était orateur de la Loge de la *Constance* à l'or∴ d'Arras , notre sœur bien-aimée. C'est alors que nous nous
rencontrâmes sous le même niveau , après une sépara-
tion de huit années , long espace dans le premier cours
de la vie. Laissez-moi , je vous prie , vous arrêter un
moment sur cette rencontre ; elle me permettra de vous
peindre par un seul trait toute la belle figure mac∴ de
Roty. On célébrait la fête de la St.-Jean dans la L∴ de
l'Aurore de la Liberté, à l'Or∴ de Béthune. Roty y
avait été envoyé, en qualité de député, par la R∴ L∴
de la Constance. J'y assistai comme membre de la R∴
L∴ de la Fidélité , Or∴ de Lille.

» Au milieu des joies du banquet , lorsque le plaisir
épanouissait tous les cœurs, que chaque frère serrait
avec effusion la main d'un frère , une affreuse nouvelle
dissipe à l'instant la joie, imprime la tristesse sur tous
le fronts , la pitié dans tous les cœurs. Un ouvrier couvreur, occupé de son pénible état, venait d'être préci-
pité du faîte d'une maison élevée , sa mort avait été ins-
tantanée , il laissait une veuve et sept orphelins dans la
misère la plus profonde. Un murmure douloureux circule
sur les colonnes ; mais une voix vibrante, animée d'une
émotion extrême, se fait entendre, c'est celle de Valentin
Roty : « Je me charge de trois de ces pauvres enfans pen-
» dant une année, s'écria-t-il avec un accent qui partait
» de l'âme. » A l'expression de ce noble sentiment l'as-
semblé entière, comme électrisée, vota la nourriture ,
l'entretien de la mère et des enfans , et les moyens d'as-

surer leur éducation jusqu'à ce qu'ils pussent pourvoir à leurs besoins....

» Quelque temps après, un violent incendie éclate à Arras, Roty s'élance au plus fort du péril et ne quitte l'incendie que lorsqu'il est éteint ; harassé, sans force, il rentre sous le toit paternel et y fait une grave maladie, triste suite de son courage et de son dévouement à l'humanité.

» Que d'autres actes généreux, de propositions philantropiques n'a-t-il pas faits dans le cours de sa vie Mac.˙.

» Nous l'avons vu orateur, vénérable, ex-maître, à plusieurs reprises, de la L.˙. de la Parfaite-Union, toujours à la hauteur de ses fonctions, toujours bon, généreux, indulgent. Quoique doué d'une intelligence supérieure, il savait se mettre à la portée de tous, et couvrir de fleurs les devoirs les plus rigoureux imposés par nos institutions et les exigeances commandées par l'ordre et la régularité de notre respectable association.

» Disons en passant que Roty avait cultivé les lettres en amateur, qu'il a produit un bon nombre de ces poésies légères qui font le charme des réunions intimes; qu'il a écrit quelques opuscules et un grand nombre de mémoires. Il avait appartenu aux sociétés littéraires et académiques de Douai et Arras.

» Sa mort, arrivée le 4 décembre dernier, à la suite d'une longue et douloureuse maladie, supportée avec un courage admirable, la résignation la plus philosophique, fit éclater toute la sympathie qu'il avait su, qu'il était si digne d'inspirer. Ses restes furent accompagnés au champ du repos par un nombreux concours de citoyens de toutes les classes, profondément émus de sa perte. L'ordre des avocats y était tout entier ; son bâtonnier prononça sur la tombe un discours éloquent qui rappelait les talents et les qualités du défunt. Vous étiez un grand nombre à cette douloureuse cérémonie, et vous voulûtes bien, MM.·. FF.·., me laisser le pénible devoir de jeter une fleur sur la tombe de celui que nous avons tant aimé.

« *H.·. trois fois H.·. à la mémoire du F.·. Roty.*

»Vanackère (Jean-Baptiste-Joachim-Joseph), vit le jour à Lille, le 15 février 1770, il appartenait à une famille dès long-temps considérée dans le pays. Il fit ses premières études à Lille et vint les terminer avec beaucoup de succès au collége d'Anchin, à Douai.

» A l'aurore de la révolution française il en adopta les principes avec empressement, mais avec une sagesse, une modération qui ne se sont jamais démenties, et qui en ont fait le type du patriote de 1789.

» Lorsque les Autrichiens mirent en 1792 le siége devant Lille, Vanackère faisait partie de la garde nationale de cette ville. Il prit la part la plus active à la défense héroïque de cette belle cité. Après la retraite honteuse de l'armée alliée, il partit avec une colonne de gardes nationaux mobilisée, envoyée à la défense de nos frontières. Appelé au service actif des armées par la loi d'août 1793 , on le nomma presqu'aussitôt adjoint aux adjudants-généraux. Lors de la chûte de Robespierre , il était à Paris aide-de-camp du directeur Barras, qui commandait la force armée pour la Convention. Ses services et son activité dans ces temps difficiles lui valurent les éloges du président de cette assemblée , et il en reçut même l'accolade publique,

» A la formation des conseils de guerre, institués pour purger le pays des brigands et des malfaiteurs qui désolaient alors toute la France, il fut nommé capitaine-rapporteur. En cette qualité, il a siégé successivement à Rouen , à Amiens, à Versailles. Dans ces pénibles fonctions il déploya une activité , une énergie qui lui méritèrent les plus hautes félicitations. Son impartialité, son intégrité et son habileté ont été telles qu'il sut se concilier l'estime générale , parfois même celle des accusés.

» En 1807, après seize ans consacrés au service de la patrie , il éprouva le besoin du repos, rentra dans la vie civile et revint à Lille , où il se livra au commerce.

» Cependant il lui restait encore une preuve à donner de son patriotisme. Les Anglais ayant menacé notre territoire vers le nord-ouest de l'empire, en 1808 , Vanackère partit de nouveau à la tête d'une compagnie de grenadiers qui faisait partie d'un bataillon d'élite mobilisé, placé sous les ordres de notre digne F.·., aussi membre de la Parfaite-Union, l'excellent F.·. Le Prévost de Basserode. On l'employa à la défense de l'île de Cadzan, et il s'y distingua comme toujours. Rappelons,

MM.·. FF.·., que la bonne tenue et l'ardeur guerrière
de nos gardes nationaux forcèrent, en peu de temps,
les Anglais à renoncer à leur entreprise.

» Revenu dans ses foyers, il avait repris le cours de
ses affaires commerciales, lorsqu'il fut nommé capitaine
de la première compagnie du bataillon de canonniers
sédentaires de la ville de Lille. Le commandant de ce
bataillon se l'adjoignit avec un autre capitaine pour réor-
ganiser et discipliner ce corps tel qu'il est aujourd'hui.
On sait que depuis 1483, époque de sa création, cette
belle milice citoyenne n'a cessé de donner des preuves
de son zèle, de son courage et de son dévouement, et
qu'elle s'est couverte d'une gloire immortelle dans la
belle défense de 1792.

» Vanackère poursuivait avec activité, avec sa probité
proverbiale, son intelligence des affaires, un commerce
dont l'état était des plus prospères, lorsque la révolution de Juillet vint le rappeler à l'administration des inté-
rêts publics, le vœu de ses concitoyens lui donna un siége
dans le conseil municipal de Lille et il y siégea pendant
bon nombre d'années.

» Philosophe par nature, ami de la vérité, sensible
et bienfaisant, pouvait-il rester étranger à la Mac.·.?
Il entra dans l'ordre lorsque les troubles révolutionnaires
eurent pris fin, et que la réouverture des LL.·. fut de-
venue possible. La Maçonnerie devint pour lui un véri-
table culte, il y voua une partie de sa vie et y obtint
tous les grades. Il était Maître de *l'An L^x en son* 3e. or:

dre depuis le 25 décembre 1828. Vénérable des Amis Réunis à l'Or∴ de Lille, T∴ R∴ S∴ T∴ A∴ de son Chap∴ D∴ H∴, il animait cette Loge des principes les plus purs et les plus sévères. Plusieurs fois des troubles étranges s'élevèrent au sein des Amis Réunis, les colonnes du temple furent ébranlées ; par sa fermeté, par son zèle ardent et soutenu, Vanackère sut arracher notre sœur chérie à l'état léthargique dans lequel elle se trouvait plongée, et qui la menaçait d'un sommeil éternel ; il lui rendit son éclat, cette lumière vive et bienfaisante dont elle verse aujourd'hui si abondamment les fécondants rayons. La Loge des Amis Réunis ne fut point ingrate envers celui à qui elle devait une nouvelle vie, qui l'avait arrachée aux discussions vaines, à une anarchie désespérante ; en reconnaissance de cet éminent service, elle nomma, contrairement à la lettre des règlements, Vanackère son Vénérable inamovible, et plus tard, pour plus de régularité, son Vénérable d'honneur à vie, avec pouvoir de présider lorsqu'il le jugerait convenable.

» Affilié libre de la Loge de la Parfaite-Union, Or∴ de Douai, depuis 1807, Membre de ses Chambres des Hauts Grades, deux fois chaque année il venait religieusement à Douai siéger aux grandes tenues des chapitres philosophiques. Son attachement pour la Parfaite-Union était tel que quelques années avant sa mort, connaissant l'état difficile de nos finances, il m'offrit d'acheter le local qui nous appartient et où nous siégeons, et de nous en laisser la jouissance moyennant le plus bas loyer. Il n'avait pas renoncé à ce projet lors-

que les premières atteintes de la maladie qui nous l'a
enlevé se manifestèrent. Le mal avait déjà fait de grands
progrès , Vanackère ne pouvait plus écrire , il exprima
le désir de me voir ; on me le manda et je me rendis près
de lui à Lille. Il me reçut avec la plus tendre effusion
de cœur et me fit une confession amicale et mac.·. Il me
révéla ses projets tous pleins de sagesse et de philantropie,
et entre ces projets était celui d'acheter notre temple , de
nous en faire immédiatement le don et après en avoir
payé le prix. Sa belle et honorable fortune lui permettait
de faire ce sacrifice , il l'aurait accompli...... Toute
grande que fut cette fortune , elle ne lui était chère que
par le noble emploi qu'il en savait faire.

» La mort qui vint fermer sa paupière le 1ᵉʳ. juin
1844 ne lui en laissa pas le temps. Il eut à peine le loisir
de faire quelques legs considérables et sagement répartis
aux pauvres de son quartier à Lille , et à ceux de la
commune de Morseelle , où il avait sa maison de cam-
pagne. Sa mort fut dans toute la populeuse ville de Lille
la cause d'un deuil général , et jamais convoi aussi nombreux que celui qui accompagna ses restes n'avait paru
dans les rues de cette cité.

» Doué d'un caractère ferme et énergique que ses
traits vous révèleraient assez, il était cependant doux ,
sensible , bienveillant. Il avait l'esprit gai , fleuri et dis-
posé au trait, à la fine plaisanterie. Inflexible sur le point
d'honneur , d'une grande rigidité de mœurs , nul ne fut
plus indulgent pour les fautes des autres ; jamais les
Maçons qui auraient pu avoir quelques reproches à se

faire ne trouvèrent dans le monde profane un plus chaleureux et plus bienveillant défenseur.

» *H∴ trois fois H∴ à la mémoire du F∴ Vanackère.*

» Petrégille *dit* Beaulieu (Zéphirin), reçut le jour à
Maubeuge, le 20 août 1763. Il fit ses études au collége
de cette ville , qui jouissait alors d'une belle réputation
entre les établissements consacrés à l'enseignement. De
bonne heure il se livra à la science pharmaceutique.
Lorsque la France appela sous les drapeaux tous ses enfans pour la défense de son territoire , Beaulieu fut
nommé pharmacien sous-aide-major à l'armée de Sambre-
et-Meuse, commandée par Jourdan. Bientôt après on
l'envoya dans la division de gauche, commandée par
Kléber, et qui s'étendait depuis la Sambre jusqu'à Or-
chies et Traségnies. L'hôpital de Douai ayant été chargé
de recevoir les blessés que les combats quotidiens ren-
daient nombreux , le personnel de cet établissement dut
être augmenté ; alors Baulieu fut attaché à l'hôpital de
Douai. Quand les victoires de nos armées eurent éloigné
de nous le théâtre de la guerre, notre frère, que des liens
de cœur retenaient à Douai , quitta le service , se maria
et se livra à la pharmacie civile qu'il a exercée avec distinction jusqu'à sa mort. Pharmacien expérimenté , il fit
partie de la société médicale de Douai et du conseil de
salubrité de cette ville.

» Baulieu fut reçu Maçon en 1807 , et par son assi-
duité, son zèle et son dévouement à l'Ordre, parvint suc-

cessivement aux grades les plus élevés de la M.·. A sa
mort il était *Maître de l'An.·. L*ª *en son premier ordre.*
Successivement il a été Econome et Elémosinaire de la
Loge , Trésorier du chapitre et Membre des commissions
administratives ; toujours il s'est signalé par son zèle ,
son exactitude et par sa parfaite régularité.

» *H.·. trois fois H.·. à la mémoire du F.·. Beaulieu.*

» Parlons enfin de cet homme bon , modeste , qui a
aussi laissé dans le monde profane et au milieu de nous
d'aimables souvenirs. Pierre Colin était de Soignies , en
Belgique, où il avait vu le jour le 10 juin 1763; Beaulieu
et lui étaient du même âge. Ses dispositions pour la musique , qu'il cultiva dans la suite avec tant de succès , se
manifestèrent de bonne heure. Aussi dès l'âge de huit
ans entra-t-il en qualité d'enfant de chœur à la maitrise
de la cathédrale de Tournay , sous la direction de l'excellent et habile maître de chapelle Rousseau. Il avait
vu se développer ses connaissances , était devenu mu-
sicien consommé , lorsque en 1789 il fut appelé à Douai
pour y diriger les chants et la musique de l'église collé-
giale de St.-Pierre; ses talents y furent bientôt appréciés ,
aussi se fixa-t-il à Douai par le mariage. Tous les membres du chapitre de St.-Pierre émigrèrent en 1790 , Colin
fut le seul qui ne voulut point quitter sa patrie, quoiqu'il
fut sûr de trouver , à cause de son talent musical et spécial , une position aisée dans les pays étrangers. Sa méthode , son habileté , sa belle et résonnante voix le firent
alors choisir par l'autorité du temps comme le chantre
public des fêtes et des victoires, des hymnes patriotiques.

Il entra bientôt à l'orchestre du théâtre auquel il resta attaché cinquante-un ans. Pendant cinq ans il fut professeur
à l'académie de musique et fit quelques élèves distingués.
Il composa plusieurs airs de romance avec accompagne-
ment de guitare , entr'autres *le Convoi du Pauvre , le
Bouquet sous la Croix* et *les Ailes d'Anges* , sur les paroles de notre illustre compatriote Madame Marceline Des-
borde-Valmore.

» En 1790 il avait été chargé de l'organisation de la
musique de la garde nationale ; M. Leconte n'eut ensuite
qu'à achever ce qu'il avait si heureusement commencé ,
pour donner à ce beau corps de musique le premier rang
entre ceux de nos contrées , rang qu'il a toujours su con-
server depuis.

» Il composa dans la suite plusieurs morceaux de musique sacrée , qui furent exécutés avec succès et qui le
sont encore dans les établissements de cette ville consacrés au culte.

» Pendant le cours de sa longue carrière musicale , jamais Colin n'a refusé l'appui gratuit de son talent à tous
les musiciens voyageurs qui l'ont réclamé, pour les secon-
der dans les concerts. Toujours il s'y est prêté de la meil-
leure grâce.

» Colin est entré dans l'Ordre Mac∴ aussi en 1807 ,
il a parcouru tous les grades jusqu'à celui de Rose ✠
inclusivement. Il a été Elémosinaire , Intendant de l'harmonie et Ordonnateur des banquets. La L∴ s'est toujours applaudi du zèle qu'il apportait dans l'exercice de

ses fonctions. Plusieurs de vous se rappelleront, MM.·.
FFF.·., qu'il charmait nos banquets par sa franche gaîté,
ses joyeux cantiques et son aimable commerce ; qu'il n'a
cessé de fréquenter la L.·. qu'à 78 ans , et lorsque déjà
sa santé délabrée le menaçait d'une fin prochaine.

» *H.·. trois fois H.·. à la mémoire du F.·. Colin.*

» MM.·. FFF.·. , le minuit solennel de l'éternité a
sonné pour nos excellens et respectables FFF.·. Ils ont
vécu.... Mais leur souvenir restera au milieu de nous ;
au jour de nos réunions nous verrons apparaître leurs
ombres chéries sur nos colonnes, pour nous rappeler
leurs qualités, leurs vertus qui devront toujours nous
servir de guides et d'exemple dans la carrière civile et
dans le monde M.·.

» *Vivant , vivant , semper vivant !* »

Ces exquisses de la vie de nos FFF.·., par leur noble
simplicité, par leur tracé chaleureux, ont vivement ému
l'auditoire, et quand, les batteries de deuil terminées,
le Vén.·. s'écrie : « *Eh bien ! ces nobles FFF.·. sont-ils*
» *vraiment morts pour nous ? Non ! ils vivent dans nos*
» *cœurs comme aux cieux ; et de là-haut ils nous con-*
» *templent avec amour. A moi ! mes FFF.·., à moi !*
» *Applaudissons à leur immortalité !* » Tous les visages
s'éclaircissent ; soudain, la batterie des vivants s'exé-
cute avec une indicible énergie ; des larmes de joie brillent dans tous les regards.

Le Vén.·. ordonne alors le départ pour le lieu destiné

à recevoir la dépouille mortelle des ill.·. FFF.·. Le cortége se remet en mouvement dans le même ordre qu'à
son arrivée, traverse les portiques au milieu de l'affluence
des spectateurs qui l'attendaient depuis 1 heure 1/2 ,
entre par le Midi dans le jardin dont tous les arbres vien-
nent d'être illuminés et décorés de transparents funèbres , prend son tour du côté de l'Occident , et pénétrant
par le Midi dans le bosquet d'accacia , fait halte au pied
de la pyramide funéraire.

Le F.·. à qui a été confié l'urne de bronze pénètre
dans l'intérieur du monument et y dépose , sur un pié-
destal , cette urne , symbole des restes précieux de nos
FFF.·. Les MM.·. des cérémonies placés à l'entrée du
caveau , y reçoivent de chaque F.·. sa branche de cyprès,
et la déposent sur l'urne. Pendant cette partie de la cérémonie , comme pendant la marche du cortége , l'harmonie n'a cessé de faire entendre de douloureux accents.

Le F.·. Chartier aîné, rappelant qu'autrefois le F.·.
Roty a prononcé dans cette même enceinte l'éloge funèbre de son père , demande à ce titre de s'acquitter d'une
dette, et prend ainsi la parole :

TTT.·. CCC.·. FFF.·.

» Préparer dans ce temple une pieuse et imposante
cérémonie; payer avec empressement la dette de l'amitié,
de la fraternité ; rendre maçonniquement les honneurs
funèbres à un de nos plus anciens Frères ; c'est non-seu-
lement accomplir un devoir , mais encore c'est honorer
la Loge de la Parfaite-Union , c'est raviver l'éclat dont

elle a brillé, c'est augmenter la réputation qu'elle s'est
acquise et qu'elle a si justement méritée.

» Notre T∴ C∴ F∴ Roty fut, pendant plusieurs
années, Vénérable de cette Loge. Dans l'exercice de ces
fonctions, comme dans tous les offices qu'il a remplis,
dans les dignités maçonniques dont il a été revêtu, il
s'est distingué par sa facile élocution, par ses vastes connaissances, par sa profonde érudition, et fut constam-
ment pour nous un guide sûr et un appui fidèle.

» Bon ami, bon époux, bon père de famille, modeste,
obligeant, généreux, imbu de l'esprit philanthropique
de notre institution, toujours placé à la hauteur des belles
maximes du sage et du philosophe, il fut bienfaisant et
charitable, et par la pratique constante de toutes les vertus, s'est acquis les plus beaux titres à l'estime et à la
reconnaissance de ses Frères.

» Désormais la place du F∴ Roty est marquée au
premier rang parmi nos fondateurs et nos premières illus-
trations.

» Aussi, mes FF∴, qu'une seule voix, qu'une seule
acclamation retentisse dans cette enceinte, à la mémoire
de notre T∴ C∴ F∴ Roty, à celle de ses prédécesseurs, à la mémoire de tous nos chefs, de ces illustres
instituteurs et propagateurs de la Franche-Maçonnerie,
de ces vénérables et immortels sectateurs de la vertu;

» A tous ces dignes Maçons, l'honneur d'avoir été
persécutés en soutenant l'excellence de nos dogmes et de
nos préceptes; d'avoir été des modèles de patience, de

courage, de résignation, en combattant l'erreur, les
préjugés ; d'avoir, par leur science et leurs lumières ,
dissipé les ténèbres de l'ignorance, du fanatisme; d'avoir,
enfin , par leur foi et leur ardeur persévérante , établi le
règne de la vérité, entretenu et propagé le feu sacré.

» Et maintenant c'est à nous , mes FF.·., de marcher
sur leurs traces , de suivre leurs glorieux exemples , de
recueillir et perpétuer ce bel héritage qu'ils nous ont
légué, monument de leurs veilles et de leurs travaux ;
et c'est à cette nouvelle et florissante jeunesse maçonnique , cette phalange assurée de gloire et d'espérance ,
qu'il appartient de féconder l'avenir , en faisant croître et
prospérer dans le temple de la sagesse, sous l'égide sacrée
de la philosophie , de la morale et de la vertu , l'art sublime et les divins préceptes qu'ils nous ont enseignés.

» Au F.·. Roty la Loge de la Parfaite-Union reconnais-
sante. »

Le cortége reprend sa marche , rentre dans le temple ,
et le Vén.·. dit ·

« Mes FFF.·., les restes des justes reposent en paix;
leurs âmes se sont élancées vers le grand centre de toutes les lumières. La reconnaissance et l'amitié ont payé
leurs tributs. Acquittons encore la dette légitime que
nous devons à l'infortune.

» F.·. Elemosinaire, faites, je vous prie, la quête des
pauvres. »

Cette quête se fait dans le temple par le F.·. Elemosinaire , et dans le parvis par deux Maîtres des cérémo-

nies. Minuit sonne, les travaux se ferment avec les formalités d'usage ; chacun se retire en paix, en bénissant
le G.·. A.·. de l'Univers.

———— ⬧ ————

A.·. L.·. G.·. D.·. G.·. A.·. D.·. L.·. V.·.

ET

SOUS LES AUSPICES DU G.·. O.·. DE FRANCE.

————

Le 13°. jour du 11°. mois de l'an de la V.·. L.·.
5845 , la ☐ de la *Parfaite-Union*, à l'O.·. de Douai,
régulièrement convoquée et fraternellement assemblée
sous le P.·. G.·. connu des seuls vrais M.·.

A l'Orient le R··. F.·. Duthillœul, Vénérable; à l'Occident les FF.·. Tisserand et Lavalley, en remplacement
du 1°ʳ. et du 2°. Surveillants; le F.·. Chartier aîné,
occupant le banc de l'Orateur; le F.·. Guillet, à son
bureau de Secrétaire ;

Le V.·. donne lecture :

1°. *D'une planche par laquelle le 1°ʳ. Surveillant
s'excuse de ne pouvoir assister à l'ouverture des trav.·.
de ce jour ;*

2°. *D'une invitation faite par la R.·.* ☐ *des Amis-Réunis, à l'Or.·. de Lille, d'envoyer une députation participer à la célébration de leur prochaine fête solsticale ;*

3°. *D'une circulaire du G.·. O.·. de France motivant la mesure qu'il a résolue, de faire faire une inspection générale de tous les ateliers de sa correspondance ;*

4°. *D'une autre planche du G.·. O.·. par laquelle, en transmettant le mot de semestre, il rappelle quelles sont les formalités indispensables avec lesquelles ce mot doit être communiqué.*

Aussitôt, et conformément aux prescriptions de la dernière planche précitée, le V.·. fait former la chaîne d'union au centre du Temple, et le mot de semestre parti de l'O.·. y étant revenu avec une parfaite exactitude, la chaîne est rompue, les FFF.·. reprennent leur place.

Des visiteurs attendaient dans le parvis. Vérification faite de leurs titres par les FF.·. Experts, les MM.·. des Cérémonies introduisent, et l'atelier reçoit avec tous les honneurs qui leur sont dus, les RRR.·. FFF.·. dont les noms suivent : Germaux, R.·. C.·. ; Henri, R.·. C.·., Yvoy, R.·. C.·. ; Parent, R.·. C.·. ; Lavoix, R.·. C.·. ; Franval, R.·. C.·. ; Duval, M.·. ; Delire, M.·. ; Bodson, M.·. ; Roquefort, M.·. ; Dislère, M.·.

On frappe ensuite en profane à la porte du Temple, et toutes les mesures ayant été prises pour s'assurer, 1°. que le postulant est digne d'entrer dans l'Ordre ; 2°.

qu'il persiste après les premières épreuves dans la réso-
lution par lui manifestée , on l'introduit et on le soumet
aux dernières épreuves. La sensibilité , l'intelligence ,
l'énergie du néophyte ayant mérité l'approbation de la
nombreuse assemblée qui a sur lui les yeux , la lumière
lui est donnée aux sons d'une religieuse harmonie , et
l'expression de ses traits , l'effusion de cœur avec laquelle d'un geste il manifeste toute son émotion, impres-
sionnent vivement tous ceux qu'il vient d'acquérir
comme frères.

L'ordre du jour appelle l'installation des Officiers di-
gnitaires élus règlementairement dans une des précé-
dentes séances , pour le cours de l'année Maçonnique
5845-5846 ; il y est procédé avec tout le cérémonial
d'usage. Ces FFF.·. sont :

Le V.·. , Duthillœul.

Le 1ᵉʳ. Surveillant , Riémain.

Le 2ᵉ. Surveillant , Jonac.

L'Orateur , Chartier Prosper.

Le Secrétaire , Guillet.

Le Trésorier , Guerdin.

Le Garde des Sceaux et Archives , Tisserand.

Le 1ᵉʳ. Expert , Bertrand.

Le 2ᵉ. Expert , Cacan.

L'Elémosinaire , Lavalley.

Le 1ᵉʳ. M.·. des Cérém.·. , Vanwormhoudt.

Le 2ᵉ. M.·. des Cérém.·. , Bourdet.

L'Architecte-Econome , Legroux.

Le Couvreur du Temple , Dumagny.

L'Orateur-adjoint , Chartier aîné.

Le Secrétaire-adjoint , Carlier.

L'Intendant de l'harmonie , Bonifay.

Le F∴ Orateur prête ensuite au V∴ le serment au nom de tout l'atelier , et requiert le baiser de paix.

Le F∴ Chartier aîné offre de mettre à la disposition de la ▭ et du V∴ , un F∴ Servant auquel il n'y aura lieu de donner aucune rétribution. Les renseignements pris sur le sujet proposé , étant tous favorables , et des épreuves morales lui ayant été imposées, séance tenante, il est admis à prêter serment , puis reconduit , les yeux bandés , dans le parvis.

L'ordonnateur du banquet annonce que tout est prêt pour les trav∴ de table : guidé alors par son V∴ que suivent les FFF∴ Visiteurs , l'atelier remonte à la salle du Chap∴ , décorée à cet effet de guirlandes d'arbres verts , d'inscriptions Mac∴ A l'Orient, brillent les portraits des Ill∴ et TT∴ CC∴ FF∴ Roty et Vanackère , qu'on a descendus de la salle de deuil.

Les diverses santés d'obligation et de cœur sont successivement portées avec autant de verve que d'ensemble et d'ordre Mac∴ ; le toast surtout porté par le V∴ à la mémoire des FFF∴ chéris, dont hier nous déplorions la perte , est unanimement accueilli avec la plus profonde émotion, et donne lieu à des paroles chaleureuses , à des improvisations brillantes où la morale , la philosophie Maçonn∴ éclatent dans toute leur majesté.Nous avons eu la joie d'entendre dire à d'anciens et respectables FF.·., qui depuis nombre d'années ont cessé d'appartenir à cet Or.·., que dans ses plus beaux jours de prospérité il ne leur a jamais paru plus digne, plus à la hauteur de sa noble mission.

Le tronc des pauvres circule et répond dignement au vœu exprimé par le Ven.·. : « Que sous ce rapport aussi, » l'on puisse dire : la *Parfaite-Union* n'a jamais mieux » fait ! »

La chaîne d'union se forme, la dernière santé est portée (celle de tous les Maçons qui couvrent la surface du globe), tant dans l'adversité que dans la prospérité ; le Ven.·. entonne le cantique solennel et les travaux sont fermés à minuit plein.

Le Vénérable,

R. DUTHILLŒUL.

Le premier Surveillant,   Le second Surveillant,
RIÉMAIN.   JONAC.

Vu par l'Orateur,

P. CHARTIER.

Timbré et scellé par nous   Par mandement de la ☐.
Garde des Sceaux et Archives,   Le Secrétaire,
TISSERAND.   GUILLET.

ADAM D'AUBERS, imprimeur, rue des Procureurs, à Douai (février 1846).

I

www.ingramcontent.com/pod-product-compliance
Lightning Source LLC
LaVergne TN
LVHW021659080426
835510LV00011B/1481